THE RULES

ISBN 978-0-244-98032-0

A chi insegue
ogni giorno
il suo sogno...

ALEX RUSCONI

THE RULES

*Studio e applicazione pratica
delle 13 regole di
Henri Decremps*

INTRODUZIONE DELL'AUTORE

Quando nel 1784 il giurista e matematico Henri Decremps diede alle stampe il suo libretto *La Magie blanche dévoilée* per attaccare il prestigiatore italiano Giuseppe Pinetti che lui considerava un ciarlatano, non poteva immaginare il successo che quel libro avrebbe avuto non solo nel breve periodo ma anche e soprattutto a lungo termine.

Decremps, personaggio di intelligenza superiore alla media, aveva un modo di scrivere accattivante e il suo libro ebbe subito una vasta eco, tanto da essere tradotto in più lingue e ristampato molte volte.

L'avvocato dovette provvedere alla fame dei suoi lettori pubblicando, l'anno seguente, un nuovo volume intitolato *Supplément a la Magie blanche dévoilée* che proseguiva, con lo stesso stile, il lavoro iniziato con il primo libro.

Alla fine Decremps, di libri, ne avrebbe scritti una decina ma quello che interessa a noi è il terzo, pubblicato nel 1786 e intitolato *Testament de Jérôme Sharp, Professeur de Physique amusante* nel quale, forse senza rendersene conto, canonizzò a tutti gli effetti l'arte dei prestigiatori ordinandola in tredici regole ben esposte che dovevano servire da guida a chi voleva esibirsi con semplici giochi di prestigio.

In realtà queste tredici regole sono espresse con una tale intelligenza e lungimiranza che, nonostante siano passati quasi duecentocinquant'anni dalla loro stesura, restano validissime e illuminanti ancora oggi.

Questi precetti sono stati naturalmente, in seguito, rivisti e corretti da vari autori che hanno aggiunto, tolto e modificato per adeguarli ai tempi. Maskelyne, nel suo *Our Magic* raffina e completa l'opera del Decremps con grande scaltrezza fornendo ai lettori una sorta di versione definitiva e completa delle regole del prestigiatore.

In questo volume ho voluto riprendere le regole originali del 1786 per applicarle alla prestigiazione di oggi. In alcuni casi propongo la traduzione di Carlo Rossetti, estrapolata dal suo *Il trucco c'è ma non si vede*, per renderla più chiara al lettore.

In altri casi, laddove il Rossetti non si è pronunciato, ho lasciato le regole nella lingua originale, tanto il significato lo si può estrapolare dalla trattazione successiva.

A noi italiani Decremps è sempre stato un po' antipatico per la sua diatriba con Pinetti, dando per scontato che l'italiano fosse il *buono* e il francese il *cattivo*.

Io credo che la figura di Henri Decremps vada estrapolata da quel contesto ed esaminata in modo imparziale: scopriremmo un uomo straordinariamente intelligente, un grande dilettante che ha contribuito a formare, nel tempo, migliaia di prestigiatori professionisti con una lungimiranza che ha attraversato i secoli.

Seguitemi in questo viaggio nel tempo.

REGOLA N° 1

*"N'avertissez jamais du Tour
que vous allez faire,
crainte que le Spectateur, prévenu de l'effet
que vous voulez produire,
n'ait le temps d'en deviner la cause."*

*"Non informate mai il pubblico della natura di ciò che state per
presentare o dell'effetto che intendete ottenere, chè altrimenti il
pubblico, prevenuto, potrebbe più facilmente
scoprire il vostro giuoco."*
(Carlo Rossetti)

La prima delle tredici regole del Decremps è quella che potremmo definire *Regola Aurea*, ovvero una delle più importanti per la buona riuscita di un gioco. Dovrebbe essere infatti sempre ben presente nella testa di quegli esecutori che, spesso in modo ingenuo e semplicistico, la infrangono senza conoscerla.

Infrangere questa regola è in realtà assolutamente possibile e in alcuni casi perfino corretto per la giusta esecuzione di certi effetti ma, altra cosa che ogni artista dovrebbe sempre ricordare, per infrangere una regola bisogna prima conoscerla alla perfezione.

Osservate un bambino che esegue un gioco di prestigio per la prima volta ma anche un adulto dilettante che inizia a destreggiarsi con qualche effetto magico: quasi sicuramente, non avendo a disposizione un testo migliore, finirà per rivelare quello che succede ai suoi spettatori senza accorgersi che questo comportamento contribuisce ad avvicinare il pubblico smaliziato al trucco del gioco.

Perchè non bisogna rivelare prima il finale di un effetto?

Le ragioni sono essenzialmente due: la prima è quella di cui parla anche Decremps in questo primo precetto. Se lo spettatore conosce il finale è evidente che, con un minimo di ingegno, può seguire lo svolgersi dell'effetto sapendo dove e quando prestare attenzione. Ad esempio: se il prestigiatore mostra un foulard e una moneta e asserisce fin dall'inizio che farà sparire il foulard, lo spettatore non farà più caso alla moneta ma starà bene attento a dove il foulard finisce di volta in volta, con il rischio che possa davvero comprendere il trucco.

Se, al contrario, il prestigiatore non dice nulla, lo spettatore non saprà cosa seguire e dove guardare e sarà quindi in balìa del prestigiatore fino all'ultimo. (Interessante il fatto che, in certi effetti, questa regola può essere falsamente infranta per ottenere una forte *misdirection*. Nell'esempio sopra, dopo che il prestigiatore ha affermato che farà sparire il foulard, potrebbe invece, alla fine dell'effetto, far sparire la moneta.)

La seconda ragione per la quale è importante non rivelare il finale di un effetto è puramente stilistica: il gioco di prestigio è come una storia ben raccontata che va quindi seguita passo passo per accompagnare lo spettatore verso un finale possibilmente di grande effetto. Nessun raccontatore di storie partirebbe rivelando già come finisce, ovviamente.

La stessa cosa vale per l'esecuzione magica di un effetto.

Ed ecco che arriviamo quindi al punto debole: perchè alcuni prestigiatori, specialmente dilettanti alle prime armi, cadono su questo semplice punto rivelando fin dall'inizio quello che succederà?

Spesso questo accade semplicemente per la mancanza di un buon testo di presentazione. Questa ragione è alla base di un altro comune errore fatto spesso dai prestigiatori dilettanti: raccontare quello che fanno mentre lo stanno facendo ("Guardate, adesso metto il foulard nella mia mano... chiudo le dita... passo la bacchetta magica sulla mano"). É un errore tanto grave quanto diffuso, anche tra prestigiatori non proprio di primo pelo.

L'esecuzione di un effetto magico non dovrebbe mai essere accompagnata dal racconto dell'esecuzione stessa. Non ha alcun senso raccontare al pubblico quello che si sta facendo, a meno che non si abbia davanti un pubblico di non vedenti. Quello che fate il pubblico lo vede e dovrebbe essere anche molto chiaro: il testo dovrebbe raccontare altro, possibilmente una storia interessante.

Ed ecco l'importanza di preparare bene la presentazione di qualsiasi gioco, da quello teatrale a quello con le carte fatto per i nostri parenti. Ogni gioco del nostro repertorio dovrebbe avere a disposizione un *pattern* interessante e coinvolgente che possa anche fungere, all'occorrenza, da *misdirection* e da *out* qualora dovesse accadere qualcosa di imprevisto, come vedremo più avanti.

Tuttavia, come già detto all'inizio, questa regola può essere infranta quando si presentano determinate condizioni.

Ad esempio, quando il prestigiatore ha interesse che il pubblico si concentri su un certo oggetto o su una certa parte del gioco, quella che porterà al finale rivelato. Ciò può essere necessario per preparare in certi casi un secondo *climax* che gli spettatori non si aspettano. In tale modo, quello dichiarato all'inizio sarà soltanto un 'finto finale' che servirà a preparare il campo al vero *clou* dell'effetto (e contemporaneamente avrà apparecchiato una perfetta *misdirection* per il nostro pubblico attento).

In altri casi rivelare il finale può addirittura amplificare l'effetto di un numero, specialmente quando l'effetto è talmente forte che il pubblico ritiene impossibile si possa concretizzare così come rivelato dall'esecutore: è il caso di certi numeri di mentalismo il cui interesse risiede proprio nell'aspettativa degli spettatori nei confronti di quanto dichiarato dall'esecutore.

REGOLA N° 2

*"Ayez toujours, autant qu'il sera possible,
plusieurs moyens de faire le même Tour,
afin que, si on en devine un,
vous puissiez recourir à un autre,
& vous servir de ce dernier pour
prouver qu'on n'a rien deviné."*

*"E' quindi bene di aver sempre molte corde al proprio arco e di
sapere eseguire ogni giuoco del vostro repertorio in più d'una
maniera e, possibilmente, applicando ogni volta
un diverso principio."*
(Carlo Rossetti)

Ecco un'altra regola molto importante e decisamente moderna nonostante arrivi dal XVIII secolo.

Avere diversi modi per produrre lo stesso effetto è una delle armi più efficaci ed intelligenti che un prestigiatore possa avere a disposizione. In fondo dobbiamo ricordare che per lo spettatore esiste soltanto la premessa e il *climax* finale, senza tutti quei passaggi intermedi, conosciuti solo dagli addetti ai lavori, attraverso i quali l'esecutore produce il miracolo. Se troviamo il modo di variare questi passaggi per arrivare al medesimo risultato abbiamo sicuramente potenziato l'effetto e ciò può servire a diversi scopi.

Il primo è quello citato anche nella regola del Decremps: qualora uno spettatore dovesse indovinare il trucco di un gioco, abbiamo la possibilità di smentirlo ripetendo l'effetto e dimostrando che il trucco addotto non era quello utilizzato. Ovviamente possiamo farlo solo laddove la seconda versione sia forte, almeno nell'effetto finale, come la prima.

Eseguire una versione più debole significherebbe infatti aggiungere un'ulteriore beffa al danno già perpetrato.

Un esempio: l'esecutore prende un foulard di seta e lo fa sparire in una mano. Uno spettatore fa notare che secondo lui viene utilizzato un finto pollice di gomma come quello che lui ha trovato in una scatola magica acquistata in cartoleria (e indovinando in effetti il trucco utilizzato).

Il prestigiatore ripete l'effetto mostrando sia prima che dopo la sparizione le mani assolutamente pulite, senza falsi pollici.

Lo spettatore è stato zittito e nella sua testa si formerà la sana convinzione che i veri prestigiatori non hanno bisogno di utilizzare falsi pollici per far sparire gli oggetti.

Cosa è successo la seconda volta?

Semplicemente l'esecutore ha usato uno scappavia, preventivamente fissato alla cintura o all'interno della manica della giacca. Lo scappavia è un *gimmick* che bisognerebbe sempre indossare perchè ci permette una serie di effetti che possono tranquillamente fungere da *out* e che ci lasciano con le mani davvero "pulite".

Questo è solo un esempio concreto di un gioco eseguibile in due modi diversi (in realtà la sparizione di un foulard può essere ottenuta anche con altri mezzi: i prestigiatori professionisti possono far sparire un foulard senza nient'altro che la propria abilità manuale e un po' di *misdirection*).

Chi abitualmente esegue effetti magici con le carte da gioco sa che questa regola è molto importante nella sua branca perchè una carta scelta può essere ritrovata in molti modi diversi così come una forzatura si può eseguire attraverso l'utilizzo di moltissimi metodi, più o meno puliti.

Probabilmente il Decremps pensava proprio ai numeri con le carte quando stilò questa regola che tuttavia, come abbiamo visto, può essere applicata a tante diverse branche della prestigiazione.

Si è indirettamente ispirato a questa regola anche l'illusionista americano David Copperfield quando ha studiato e messo in scena il divertentissimo numero dell'anatra che sparisce da una scatola e riappare in un secchio preventivamente mostrato vuoto.

Alla fine del numero uno spettatore gli chiede di ripeterlo e di eseguirlo a rallentatore.

Copperfield fa esattamente ciò che gli viene chiesto ma con un metodo decisamente diverso.[1]

Anche questa regola può essere infranta?

Ovviamente sì: ogni volta che abbiamo solo un metodo per eseguire un certo effetto stiamo di fatto infrangendo questa regola e ciò è inevitabile. Moltissimi effetti magici non hanno la possibilità di avere varianti e possono quindi essere eseguiti solo in un determinato modo. In questi casi l'esecutore deve essere particolarmente attento e allenato ad eseguirli al meglio per evitare di incorrere in qualche spettatore che ne deduca il trucco.

---

[1] Qui non sveliamo oltre. Il numero può essere recuperato in rete e l'interessato può andarselo a vedere: ne vale la pena.

REGOLA N° 3

"Ne faites jamais deux fois le même Tour
à la prière d'un des Spectateurs,
car alors vous manqueriez contre le premier
précepte que je viens de donner,
puisque le Spectateur seroit prévenu
de l'effet que vous voudriez produire."

"Non ripetete mai, per nessun motivo, e nonostante tutte le
insistenze, lo stesso giuoco nella stessa seduta. E' evidente che la
ripetizione di un giuoco equivale ad un giuoco preannunnziato
ed il pubblico che già sa dove volete arrivare, tanto più il giuoco
lo avrà divertito, tanto più starà in agguato
per cogliervi nel punto critico."
(Carlo Rossetti)

Ecco un'altra delle regole che vengono spesso e volentieri dimenticate e infrante senza ritegno da una discreta quantità di prestigiatori, tutti alle prime armi e in odore di dilettantismo, magari allievi di quei *video tutorial* del tubo nei quali si imparano effetti meravigliosi senza la minima base teorica per farli davvero funzionare.

Decremps è molto chiaro in tal senso e non potrebbe essere altrimenti: non sta solo dicendo di non ripetere il medesimo gioco di fronte allo stesso pubblico. Addirittura vuole esagerare (giustamente) e si spinge a consigliare di non ripetere lo stesso esercizio di fronte anche a solo uno degli spettatori che hanno visto lo spettacolo.

Questo perchè è insito nella scrittura colta di Decremps un alto grado di rispetto nei confronti del pubblico che assiste ad un'esibizione magica e dunque anche il singolo spettatore merita di godere appieno di ciascun effetto proposto.[2]

La regola si spiega da sola: facendo una seconda volta l'effetto proposto si andrebbe a contravvenire al primo dei precetti e lo spettatore, sapendo come il gioco andrà a finire, potrebbe seguire con attenzione le varie mosse al fine di carpire il segreto.

---

[2]Questo tipo di filosofia, che aleggia in tutti i libri dell'Avvocato francese è molto interessante e assai lungimirante per l'epoca. I prestigiatori settecenteschi e ottocenteschi, infatti, non brillavano certo nel rispettare sempre il loro pubblico.

Non dobbiamo dimenticare che tra le tecniche psicologiche utilizzate dai moderni prestigiatori c'è anche quella della manipolazione del ricordo. Quando un professionista degno di tale nome propone un qualsiasi effetto lo fa conscio non soltanto dell'esecuzione che sta proponendo ma anche del ricordo che essa lascerà nello spettatore. Tale ricordo manipolato è spesso assai diverso da quelllo che è stato il reale svolgimento del gioco.

Questo è molto interessante perchè permette di fissare nella memoria del nostro pubblico un qualcosa di assai amplificato rispetto a quanto visto grazie a dei semplici accorgimenti psicologici: il pubblico infatti, se l'esecutore procede nel modo corretto, dimenticherà certi passaggi apparentemente poco importanti e ricorderà solo quelli che il prestigiatore vuole tutelare così che alla fine il gioco di prestigio verrà ricordato come un miracolo.

Tutti possiamo fare un semplice esperimento: assistete con qualche vostro amico babbano[3] all'esibizione di un bravo artista, magari di *street magic*. Voi guardatelo con gli occhi da addetto ai lavori e poi chiedete ai vostri amici di raccontarvi quello che hanno visto.

Sicuramente assisterete a qualcosa di psicologicamente interessante: il racconto amplificherà il gioco tanto che, se si dovesse eseguire il gioco secondo le regole del racconto, ciò sarebbe impossibile.

Questo accade quando il prestigiatore conosce alla perfezione la psicologia dell'inganno e può quindi sfruttare al meglio tutte le falle in cui può cadere il nostro imperfetto cervello.

---

[3] Termine mutuato dal mondo di Harry Potter che indica i non prestigiatori.

Ora è chiaro che, contravvenendo a questa terza regola, si distrugge anche tutto il lavoro fatto per instillare nella mente degli spettatori il falso e amplificato ricordo: ripetendo il numero si rischia infatti non solo di essere colti in fallo ma anche di trasformare qualcosa di magico in qualcosa di banale, com'è in effetti un gioco di prestigio.

Inoltre dobbiamo sempre ricordare che ogni nostro numero, teatrale o casalingo che sia, deve essere percepito dal nostro piccolo o grande pubblico come qualcosa di unico e prezioso e quindi non ripetibile.

Anche questo terzo precetto, naturalmente, può essere infranto in determinati casi.

Quando, ad esempio, siamo di fronte ad una sfida ed è quindi implicito continuare a ripetere l'effetto mostrando che il prestigiatore riesce in qualcosa che il pubblico non può fare. (ad esempio il nodo ad una corda eseguito senza mai mollarne i capi).

Esistono moltissimi effetti che vengono rafforzati e non indeboliti dalla ripetizione.

In taluni casi poi, la ripetizione è addirittura d'obbligo: quando, ad esempio, rifacendo il gioco andiamo incontro ad un *climax* di valenza doppia rispetto al precedente o ancora quando apparentemente stiamo per ripetere il gioco ma il finale cambia improvvisamente rivelando qualcosa che il pubblico non si aspetta (e questo effetto sorpresa è ciò che rende ancora valido il primo precetto rispetto a quanto eseguito).

REGOLA N° 4

"Si on vous prie de répéter un Tour,
ne resusez jamais directement, parce que vous
donneriez alors mauvaise opinion de vous,
en faisant soupçonner la foiblesse de vos moyens;
mais, pour qu'on n'insiste point à vous faire
la même demande, promettez de répéter le Tour
sous une autre forme, & cependant faites-en un autre
qui ait un rapport direct ou indirect avec celui
qu'on vous demande; après quoi vous direz
que c'est le même Tour,
dans lequel vous employez le même moyen
présenté sous un autre point de vue.
Cette ruse ne manque jamais de produire son effet."

"Tuttavia, se le insistenze per la ripetizione fossero tante da
sembrar scortesia il rifiutarvisi, fate mostra di condiscendere ed
eseguite subito un altro giuoco che abbia qualche apparente
somiglianza col primo, ma che trovi la sua base su di un
principio del tutto diverso. Vi dimostrerete così cortesi col
pubblico e gli darete una nuova prova della vostra abilità."
(Carlo Rossetti)

Ecco un'interessante dissertazione di Decremps che prende in esame la possibilità di non essere scortesi con il pubblico.

Già, perchè è facile dire "non ripetete mai un gioco allo stesso pubblico" come se rifiutarsi semplicemente fosse sempre facile come bere un bicchier d'acqua.

E se a chiedere la ripetizione fosse un tenero bambino dagli occhioni spalancati?

E se fosse una dolce fanciulla a cui già il vostro cuore ha abdicato ogni ragionevolezza?

Ecco che il sagace compilatore ci viene incontro e ci permette di effettuare questa tanto vituperata ripetizione purchè naturalmente si segua un certo rituale.

Intanto, come ben si comprende dall'enunciato stesso, non si tratta davvero di ripetere il gioco appena eseguito altrimenti si andrebbe incontro a tutti i rischi già ben esaminati nelle pagine precedenti.

L'apparente ripetizione consiste invece in un gioco ben diverso, per lo meno per quel che concerne il segreto. L'esecuzione, per contro, deve essere il più simile possibile all'effetto precedente.

Un esempio servirà per chiarire questo passaggio: avete appena eseguito il numero dell'anello che scompare infilato su una corda e messo nella vostra mano. Qualcuno vi chiede di rifarlo rischiando così che si noti il furto dell'anello nel momento in cui fate roteare la corda intorno al polso per annodarla.

Dite allora che lo ripeterete con una moneta. A questo punto ponete la moneta in mano (con un falso deposito) e fate quindi legare la corda intorno alla vostra mano. Il gesto non ha molto senso ma è giustificato dal fatto che la moneta non può essere infilata nella corda che qui funge quindi solo da catalizzatore.

A questo punto il pubblico può prestare attenzione quanto vuole tanto la moneta non è già più nella mano e la sparizione è quindi assolutamente pulita e senza furti.

Teniamo sempre presente che per il pubblico una sparizione è una sparizione, così come una trasformazione è una trasformazione. Lo spettatore non è conscio, come noi, che esistono decine di modi per eseguire un certo effetto.

Il pubblico non sa che per far sparire una moneta si può usare un finto deposito, una finta presa o un furto: una moneta scompare e la magia è proprio quella. Il resto è solo studio e tecnica manipolatoria ma riguarda unicamente l'allenamento del prestigiatore.

E qui approfitto per divagare e puntualizzare una cosa importante: al pubblico non interessa il nostro allenamento nè la nostra abilità. Al pubblico interessa la magia...

Un prestigiatore del quale si dica "Mamma mia, quanto è abile" non è un prestigiatore ma un giocoliere.

Del prestigiatore, quando ha fatto bene il suo lavoro, si deve sentir dire "quanto è magico!".

Il nostro scopo non è stupire con la nostra abilità (magari vantandoci del costante allenamento, come se fossimo degli sportivi) ma incantare con la nostra magia.

Se dunque il prestigiatore fa il proprio mestiere e gestisce nel modo giusto le reazioni e la psicologia degli spettatori, non avrà difficoltà a ripetere un esperimento facendo credere al pubblico che si stia facendo il medesimo effetto di prima utilizzando segretamente un metodo ben diverso.

Questo è il modo migliore per tutelare i trucchi che fanno parte del bagaglio universale dei prestigiatori e dei quali siamo tutti ugualmente responsabili.

REGOLA N° 5

*"Si vous faisiez toujours des Tours d'adresse,
comme ils dépendent tous de l'agilité
des mains, le Spectateur, continuant de voir
les mêmes gestes, pourroit enfin deviner
vos mouvemens: faites donc successivement
des Tours d'adresse,
de combinaison, de collusion,
de physique, &c., de sorte que le Spectateur
se trouve dérouté en voyant presque
toujours les mêmes effets, quoiqu'ils
appartiennent à des causes disparates."*

Il Rossetti non comprende questo precetto in quelli da lui elencati nel suo libro *Il trucco c'è ma non si vede*, forse ritenedolo superfluo.

Non lo è, specialmente oggi che vediamo giovanissimi prestigiatori puntare tutto, o quasi, solo sulla loro abilità manuale (in special modo con le carte da gioco) dimenticando non solo di non essere dei giocolieri ma anche di quanto vasta e interessante sia la strada della prestigiazione, così variamente popolata di branche diverse e diverse specialità.

Henri Decremps dice che se ci abituiamo ad eseguire sempre e solo effetti dovuti alla destrezza, prima o poi il pubblico, abituato a seguire certi movimenti, arriverà al bandolo della matassa e potrà intuire certi segreti.

Non solo, aggiungo io.

Il pubblico si annoierà pure e la stessa cosa vale per coloro che si ostinano a presentare solo effetti di mentalismo, di colombe, di donne che vengono più o meno mutilate per poi tornare insieme sorridenti.

La prestigiazione ci dà tantissime possibilità, molte più di quelle che aveva a disposizione Decremps alla fine del 1700.

E i grandi della nostra storia, da Pinetti a Bosco, da Robert-Houdin a Houdini fino ad arrivare ai nostri Silvan e David Copperfield hanno dimostrato che la varietà è un'arma vincente, indipendentemente dalla propria specializzazione o dal gusto personale. Una volta trovato il proprio personaggio, chi dice che il prestigiatore non possa spaziare variando il genere di effetti proposti?

Certamente nessuno può fare sue tutte le categorie della prestigiazione e da sempre si invitano le nuove leve a specializzarsi in una o due di queste branche.

Ma non significa dover sempre fare le stesse cose o escludere dall'allenamento quotidiano determinati numeri solo perchè crediamo non potranno mai fare parte del nostro repertorio.

Tanti anni fa, quando iniziai ad appassionarmi al mondo dei prestigiatori, uno dei miei maestri mi disse che, mentre sceglievo la mia strada, avrei fatto bene a studiare e provare tutte le varie discipline magiche.

Feci tesoro di quell'insegnamento ed oggi sono molto felice di saper eseguire piuttosto bene il *back & front*, nonostante non abbia mai fatto in scena numeri di manipolazione così come sono fiero del mio piccolo repertorio di numeri con le carte da gioco anche se la cartomagia non rientra quasi minimamente nella mia attività.

Per un periodo ho persino allevato due tortore e sono diventato un esperto di serventi e di prese, pur non avendo poi mai portato in scena apparizioni di animali.

Avere un bagaglio generale il più vasto possibile non solo è utile ai fini della pratica ma allarga anche notevolmente i nostri orizzonti, rendendoci più creativi e permettendoci spesso di utilizzare i segreti di una certa branca dell'arte magica applicandoli ad una specialità magari molto diversa.

Forse abbiamo un po' divagato rispetto alla regola presa in esame ma ritengo fondamentale il fatto di non assestarsi solo su una determinata specialità, vivendo poi di rendita. Anche la magia, come la vita, deve essere un continuo apprendere cose nuove, farle nostre, per una crescita che può e deve andare avanti sempre.

Ovviamente perchè questo accada il giovane (o meno giovane) prestigiatore deve avere quello che è il più grande pregio richiesto da questa esistenza: la curiosità.

Essere curiosi, volerne sempre sapere di più, avere in sè una sana voglia di imparare (o come diceva Steve Jobs "avere fame") è ciò che può fare la differenza dall'essere un eterno dilettante al diventare potenzialmente un grande artista.

E naturalmente, anche quando sarete grandi e famosi, dovrete continuare ad essere curiosi e affamati perchè nella vita, è giusto ricordarlo sempre, non si è mai "arrivati".

REGOLA N° 6

"Quand vous employerez un moyen quelconque,
trouvez toujours une ruse pour faire croire
naïvement, & sans affectation de votre part,
que vous employez un autre moyen.
S'agit-il, par exemple, d'un Tour de
combinaison, faites, s'il y a lieu,
comme s'il dépendoit de la dextérité des doigts;
& si, au contraire, c'est un Tour d'adresse,
tâchez alors deparoître mal-adroit."

Anche attraverso questo precetto Henri Decremps ci sta dimostrando la sua grande conoscenza della psicologia umana e soprattutto ci indica molto bene come sfruttare i punti deboli del ragionamento per deviare l'attenzione degli spettatori e tenerli ben lontani dalla possibile spiegazione del segreto.

Teniamo presente che tutti i giochi di prestigio e di illusionismo possono essere di fatto compresi in due macro-categorie: quelli che necessitano di particolare abilità e destrezza manuale e quelli per i quali non è necessario questo dono (e che funzionano quindi semplicemente da soli, grazie a trucchi meccanici, elettrici, chimici, fisici, ecc.).

Quello che il diplomatico francese ci sta intelligentemente consigliando è di far sì che il pubblico non sia in grado di distinguere, mentre osserva uno spettacolo, queste due macro-categorie.

Sta a voi far credere che gli effetti automatici derivino piuttosto da una straordinaria destrezza (ovviamente non dicendolo direttamente, ma facendo discretamente passare sottotono questo messaggio). Oppure, che certi difficilissimi passaggi manipolatori, per i quali vi siete allenati ore ed ore per mesi, siano in realtà facili come bere un bicchier d'acqua. É davvero un modo intelligente e scaltro per tenere l'attenzione del pubblico lontana dal vero bersaglio fornendo un nuovo, fittizio, centro verso il quale scagliare (inutilmente) le frecce della loro voglia di scoperta.

Quello che ho sempre amato dei grandi manipolatori, e mentre scrivo penso a Cardini, Pollock, Silvan o Fred Kaps, è la straordinaria capacità mimica e scenica nel far credere di essere sereni e rilassati mentre eseguono passaggi difficilissimi con mani e dita. Adoro la loro impassibilità e superiorità, quella che differenzia il grande artista dal dilettante da palcoscenico, perchè incarna la miglior *misdirection* possibile.

Il pubblico non penserà mai che quella serenità è frutto della perfetta recitazione e del duro allenamento, perchè bisogna proprio provare molto e costantemente per riuscire a fare cose difficilissime e che richiedono la massima concentrazione, mentre con lo sguardo si appare scanzonati e un po' distratti.

É la cifra della grandezza dei nomi sopracitati a cui si aggiungono decine di altri professionisti, negli ultimi anni soprattutto orientali. E allo stesso modo mi affascina vedere certi illusionisti apparire sofferenti e concentrati, sudando copiosamente, mentre apparentemente impegnano tutte le loro forze fisiche e mentali per fare qualcosa che in realtà è frutto del lavoro di ingegneri (prima), tecnici e vallette (dopo).

All'illusionista è riservato il compito di mettersi in pose sceniche ineccepibili e aprire le braccia alla fine per prendere quell'applauso che, a volte, nemmeno loro sono sicuri di meritare...

Ma questa è la grande ruota della prestigiazione, che gira tra meriti, bravura, abilità e recitazione, esattamente come ben capiva Decremps nel mondo assai diverso della fine del settecento ma che, evidentemente, condivideva con il mondo d'oggi la stessa identica psicologia dell'inganno.

REGOLA N° 7

Si vous faites des Tours dans un petit cercle composé de demi-savans, ou de gens trop paresseux pour se donner la peine de réfléchir, il n'y aura pas grand inconvénient à faire indistinctement les nouveaux Tours & les anciens, les simples & les compliqués; mais s'il s'agit d'amuser une grande Assemblée, & de paroître sur un grand théâtre, où il y aura vraisemblablement des gens instruits & des surets de bibliothèques, gardez-vous de donner comme inconnus des Tours expliqués dans des Livres; & souvenez-vous qu'il est absurde d'intituler un Livre Recueil de Secrets, parce qu'un secret quelconque cesse de l'être quand il est imprimé.

Secondo Decremps è assurdo intitolare un libro *Raccolta di segreti* perchè, nel momento in cui viene stampato e pubblicato, un segreto cessa d'esser tale.

Eppure oggi sembra di moda pubblicare e stampare libri che rivelano segreti e non mi sto riferendo solo a quelli dei prestigiatori: in commercio esistono centinaia di testi che svelano i segreti dei grandi cuochi, per stupire amici e parenti in cucina, tomi con i segreti per far soldi, guadagnare con la vendita piramidale, con i prodotti naturali, con quelli dimagranti, con i gratta e vinci...

Non parliamo poi di quelli che vogliono vendervi i segreti per vincere al lotto senza spiegarvi perchè non li utilizzano loro.

Sembra che oggi tutti abbiano nel cassetto un segreto da rivelare per i più svariati mestieri, più o meno sensati o leciti.

Questo indica chiaramente una cosa e cioè che nonostante il terzo millennio sia iniziato portando con sè straordinarie scoperte scientifiche e meraviglie tecnologiche, il grado di credulità popolare non è minimamente diminuito ma, anzi, grazie forse ad un nuovo analfabetismo culturale, è probabilmente aumentato seppur raffinandosi.

É sconvolgente come la gente oggi sia disposta a credere a tutto, o quasi.

Naturalmente questo discorso non riguarda i prestigiatori, che continuano ad essere guardati con sospetto anche da quelle persone che poi, fuori dal teatro, continuano a credere a statue che piangono o madonne che guariscono...

Spesso gli onesti prestigiatori devono essere bravi il doppio per ottenere la metà dei risultati perchè il pubblico molto di rado concede loro facilmente la propria sospensione dell'incredulità.

Ed ecco che allora torna utile il consiglio numero sette del nostro maestro settecentesco che in sintesi può essere riassunto così: non sottovalutate il vostro pubblico.

Molti professionisti, non solo tra i prestigiatori, credono che il pubblico sia una massa ignorante, facile da prendere in giro. Questo, oltre che essere irrispettoso nei confronti degli spettatori (che vanno sempre e comunque rispettati) è anche sbagliato.

Ed è un errore molto stupido che potrebbe portare a gravi conseguenze.

Non importa se stiamo proponendo i nostri giochi ad un pubblico di dieci, cento o mille persone. Dobbiamo sempre ricordare che i nostri spettatori provengono dalle più svariate estrazioni sociali e culturali. Ci sarà quello che non ha studiato e che forse si è fermato alla quinta elementare (ma che poi magari si è fatto da solo una cultura maggiore di quella scolastica) e quello che vanta tre lauree e decine di *Master* in materie di cui non conosciamo l'esistenza. C'è l'operaio e l'ingegnere, lo studente e il luminare, la casalinga e la *manager* in *tailleur* che al solo scoccare delle dita con unghie laccate di fresco tiene a bacchetta un intero consiglio di amministrazione.

E noi, che abbiamo il compito di affascinarli e stupirli, dovremmo sentire sulle nostre spalle una grossa responsabilità: ecco perchè, oltre ad essere ben preparati tecnicamente ed aver messo a punto le nostre presentazioni, dovremmo anche essere sicuri di parlare in modo corretto e interessante.

É inoltre doveroso aprire una parentesi che credo sia importante: davvero più una persona è colta e più è avvantaggiata nello scoprire i trucchi dei giochi di prestigio? Ebbene la storia e psicologia della prestigiazione ci dicono esattamente il contrario. É più difficile ingannare una persona di mente semplice piuttosto che una persona colta così come è più difficile ingannare un bambino di un adulto.

É il paradosso che ogni prestigiatore ben conosce e si basa sul fatto che la maggior parte dei giochi di prestigio hanno trucchi semplici e banali che non vengono capiti proprio perchè la nostra mente, con il tempo, crea delle sovrastrutture che non ci permettono più di ragionare in modo semplice.

Per assurdo quindi, cercando spiegazioni tanto più complicate quanto più è colto il nostro *background* non facciamo altro che allontanarci dalla reale spiegazione di un effetto. Al contrario, i bambini e le persone semplici riescono a cogliere più facilmente il segreto.

All'argomento "bambini" il Rossetti dedica addirittura uno dei suoi precetti contenuti nel libro *Il trucco c'è ma non si vede*, dove leggiamo: "Per quanto ciò possa apparire a prima vista assurdo, ricordate che il pubblico più difficile è quello prevalentemente composto da bambini. Davanti ad essi, nessuna mossa falsa, nessuna benchè minima disattenzione, ché subito cento voci si leverebbero per accusarvi di mistificazione. Egli è che il bambino crede nell'illusione, vive nel fantastico come in cosa reale, e qualunque negligenza che gli riveli l'esistenza del trucco, tronca brutalmente il suo sogno e ne suscita la reazione."

E c'è anche un altro motivo, individuato forse in origine dal francese Robert-Houdin e che troviamo ben spiegato da E.W. Rells che alla fine dell'ottocento scriveva: "L'ignorante è molto più difficile ad ingannarsi che l'uomo colto, perchè esso scorge in ciascun giuoco un voto di sfiducia, contro la sua intelligenza, un tentativo di frode, contro cui reagisce con tutte le sue forze, mentre l'uomo intelligente si abbandona senza resistenza all'illusione, perchè è venuto appunto con l'idea di essere ingannato".

Comunque, per tornare al nostro precetto, una mossa senz'altro intelligente è quella di considerare il pubblico come un insieme di persone molto intelligenti (o molto semplici, se vogliamo). In tal modo sapremo giocare bene le nostre carte e saremo preparati ad ogni evenienza.

Sottovalutare la massa degli spettatori considerandola unicamente la media delle intelligenze che compongono il pubblico ci porterebbe a non curare al meglio ciò che facciamo e a credere di farla franca allorchè dovessimo sbagliare a coniugare un verbo. Ma io credo, e lo credono anche molti dei vostri potenziali spettatori, che una persona che non parla in modo corretto la sua lingua non possa pretendere di stupire con esperimenti magici.

Ecco perchè il primo libro che un sagace prestigiatore dovrebbe studiare è un buon manuale di grammatica.

REGOLA N° 8

Ne lisez donc les Livres que pour vous mettre au
pair de vos contemporains, & pour
savoir si ce que vous inventez a déjà été inventé
par d'autres; sans cette dernière précaution, les
gens de génie présentent souvent comme nouvelles
des inventions très-anciennes, parce qu'ils ne font
pas attention que les idées dont ils sont créateurs,
ont pu germer dans d'autres têtes.

Da sempre sono un grande appassionato di storia della prestigiazione.

Perchè? Semplicemente perchè da sempre sono un grande appassionato di storia e di aneddoti in generale. Conoscere la Storia, sia quella con la S maiuscola, sia quella considerata minore, mi ha sempre regalato meravigliosi slanci di entusiasmo e stimoli creativi, oltre a farmi sentire parte di qualcosa di straordinario.

Per capire che cosa stiamo facendo e perchè, e soprattutto per orientarci mentre affrontiamo il futuro, è fondamentale sapere e capire da dove veniamo.

Umberto Eco ha sintetizzato l'importanza della storia (e dei libri) con un concetto molto semplice: prima dell'invenzione del libro l'essere umano poteva vivere una sola vita, la propria. Poteva far tesoro solo della propria esperienza o al massimo attingere da quella dei parenti o amici più anziani.

Oggi noi possiamo vivere la nostra vita e fare le nostre esperienze ma, grazie ai libri e alla storia, abbiamo nel contempo la possibilità di assorbire le esperienze di centinaia, migliaia di altre persone e farle nostre includendole nel nostro personale bagaglio culturale.

Conoscere la storia, ed ora torniamo a quella della prestigiazione, ci permette di conoscere i nostri colleghi del passato, esaminare le cose che hanno fatto, vivere le loro gioie e le loro soddisfazioni ma anche imparare dai loro errori attraverso i quali non solo loro hanno compreso un'importante lezione ma l'hanno trasmessa anche ai posteri, che poi siamo proprio noi.

Grazie alla storia noi siamo fruitori di doni preziosi, preziosissimi. Ovviamente, se sappiamo coglierli e ne comprendiamo l'importanza.

Intanto, come ben dice Decremps in questo suo ottavo precetto, conoscere bene la storia di coloro che ci hanno preceduto (e che magari condividevano il nostro lavoro o la nostra passione) ci permette di evitare di inventare cose che già sono state inventate.

E questo genere di "ignoranza" è molto diffuso. Quante volte abbiamo visto ragazzini intossicati dal mazzo di carte venire a mostrarci una mossa inventata da loro per poi vedere le loro facce deluse alla rivelazione che quella tecnica era già stata inventata decenni prima da Ed Marlo o Dai Vernon.

E' un classico.

Come quell'artista che per primo, qualche anno fa, ha proposto il suo numero originale dei bussolotti trasparenti, senza sapere che Bartolomeo Bosco nella prima metà del diciannovesimo secolo già eseguiva magistralmente quell'effetto con bussolotti in cristallo fabbricati da un vetraio di Parigi.

Se non si conosce la storia non si può inventare niente ed, anzi, si rischia pure di commettere errori che già sono stati commessi prima di noi da altri che tuttavia non avevano la fortuna, come noi, di avere a disposizione pagine e pagine di esperienze da vampirizzare.

Ma, uscendo dagli stretti binari di questa regola, c'è un altro importante motivo per cui è fondamentale per qualsiasi prestigiatore conoscere la storia della propria arte.

Il pubblico se lo aspetta.

Cosa pensereste se, conoscendo un pittore molto bravo, vi metteste a parlare con lui chiedendogli opinioni su Van Gogh, Picasso e Leonardo e scopriste che non ne sa nulla? Vi sembrerebbe molto strano e fareste bene a ridimensionare la vostra opinione su di lui.

Nessun pittore può definirsi artista se non conosce la storia dell'arte sapendo a menadito perchè Leonardo e Michelangelo sono stati importanti in modi diversi, perchè la pittura di Van Gogh emana quella forza, perchè Mondrian poteva permettersi di usare solo i colori primari e Fontana, semplicemente, di tagliare una tela.

Se un pittore non vi sa spiegare queste cose è solo un imbrattatele, non certo un artista.

La stessa cosa vale per la prestigiazione: coloro che intendono ritenersi artisti (e sembra proprio che oggi a tutti piaccia l'idea di esserlo) non possono esimersi dal conoscere la storia della propria arte, pronti a rispondere alle domande dei curiosi o a sciorinare qualche aneddoto interessante nella presentazione di certi effetti.

Allora sì che diventa utile sapere che Houdini morì a 52 anni (proprio come il numero delle carte di un mazzo) di cui 26 vissuti nel diciannovesimo secolo e 26 vissuti nel ventesimo (nacque del 1874 e morì nel 1926, il 31 ottobre, notte di Halloween).

Molto più interessante del raccontare che lo stesso Houdini sarebbe morto nella Pagoda della Tortura Cinese dell'acqua piuttosto che in ospedale per problemi post-operatori come in effetti è successo.

E abituiamoci a chiamarlo Houdini e non Houdinì perchè sebbene il nome d'arte derivi dal francese (Robert-Houdin era il suo modello), lui stesso volle italianizzarlo (come Bellachini o Cardini) ed è quindi corretto dire Houdini con l'accento sulla prima e non sulla seconda "i".

Oggi la cultura dei prestigiatori italiani è, purtroppo, ai minimi storici. Credo basterebbe fermare dieci partecipanti ad un qualsiasi congresso nazionale e fare loro cinque domande storiche per rendersi conto che la situazione è davvero drammatica.

All'estero non è così, forse anche grazie ad una maggiore disponibilità di letteratura sull'argomento che in Italia è quasi assente.

Vediamo moltissimi ragazzi giovani che sono straordinariamente abili con le mani (i famosi giocolieri, allievi del tubo, dei quali abbiamo già parlato) ma non hanno la minima idea né di quello che fanno, né del perchè lo fanno o da dove nasce l'arte meravigliosa che praticano con tanto ardore.

Più aumenta il livello dei numeri proposti più sembra sedimentarsi questa totale e gravissima ignoranza storica.

Non so dove possa risiedere una possibile soluzione, certamente si potrebbe iniziare spegnendo il pc o il lettore dvd e tornando ad aprire i libri ma non sono certo che i ragazzini nobili e allegri di oggi, seguaci di internet, capiscano quello che sto scrivendo (se mai lo leggeranno)...

REGOLA N° 9

Si vous ne pouvez rien inventer, quant au fonds,
soyez du moins inventeur quant à la forme, en
rajeunissant les anciens Tours par des
circonstances neuves; & surtout ne finissez
jamais une séance sans en faire quelqu'un qui,
par ses effets, sa complication & sa nouveauté,
soît impénétrable à la perspicacité des plus grands
connoisseurs; par ce moyen, ils vous applaudiront
au moins une sois; & leur suffrage, quoique
modéré, entraînera la multitude, qui vous donnera
le sien sans réserve.

Ideale sarebbe che ciascun prestigiatore portasse in scena solo effetti propri, inventati e preparati in base alle proprie doti, alla propria personalità e alla specialità scelta sempre in base a parametri personali.

Ovviamente nella realtà non è così: inventare nuovi effetti è quasi impossibile e solitamente a farlo sono degli ingegneri che non sempre (direi, anzi, quasi mai) sono anche prestigiatori.

Il lavoro del prestigiatore è quindi, nella stragrande maggioranza dei casi, quello di un interprete di effetti inventati da altri. La bravura allora sta nel saper personalizzare tali effetti attraverso una originale presentazione o apportando varianti e correzioni per riuscire a vestirli meglio.

Anche i grandi del passato (Decremps qui pensava certamente a Pinetti, ma potremmo tranquillamente parlare anche di Bosco o Robert-Houdin) hanno in realtà inventato molto poco: per la maggior parte i numeri erano già stati creati e il ruolo di questi straordinari artisti fu di presentarli in modo nuovo o perfezionarli, come è stato per il gioco dei bussolotti nel caso di Bosco o della "Seconda vista" nel caso di Robert-Houdin.

Nel ventunesimo secolo è ovviamente ancora più difficile inventare cose nuove (e per farlo bisogna conoscere la storia per sapere tutto ciò che è già stato inventato) ed ecco che quindi il prestigiatore moderno deve per forza attingere dal passato e restituire nuove forme ai classici, rendendoli adatti al pubblico contemporaneo.

E' una sfida interessante che spesso viene vinta in modi straordinari. Pensiamo all'evoluzione della sospensione eterea, presumibilmente inventata da Robert-Houdin nella prima metà del diciannovesimo secolo.

Quel bambino, sostenuto solo da un sottile stelo di legno, sembrava quasi librarsi nell'aria ma quel bastoncino ha rovinato le notti di molti prestigiatori che avrebbero voluto toglierlo di mezzo.

Fu forse Maskelyne a risolvere la questione inventando la levitazione con donne che restavano davvero sospese a mezz'aria, senza apparenti sostegni e con un grande anello passante che riusciva a dimostrare l'effettiva mancanza di fili.

E poi, quando sembrava non fosse più possibile migliorare un effetto così perfetto, ecco che David Copperfield stupisce il mondo e i colleghi con il suo volo umano, quel meraviglioso *Flying* inventato da John Gaughan.

Certi numeri sono stati inventati e poi rivoluzionati completamente, resi sempre più miracolosi dalla fantasia dei vari artisti che se ne sono impossessati dando qualcosa di proprio a questo o a quell'effetto. Gli esecutori moderni hanno dunque un debito non solo con l'inventore ma anche con tutta quella catena umana che li ha perfezionati.

Altri numeri invece hanno mantenuto intatto il loro fascino originario e le varianti che nel corso dei secoli sono state apportate non hanno affatto snaturato l'invenzione iniziale.

É il caso, ad esempio, dei bussolotti o degli anelli cinesi. Ma questi classici sono tali proprio perchè riescono sempre a risultare moderni, lasciando a bocca aperta il pubblico generazione dopo generazione, purchè siano eseguiti in modo intelligente e adeguato al tempo.

Ancora una volta, quindi, è assolutamente evidente l'importanza della presentazione ovvero la modalità attraverso la quale farete vostro un certo numero magico. E qui c'è da dire che tanto più l'effetto è classico e conosciuto, tanto più difficile sarà cercare di renderlo personale ed originale.

Pensiamo agli anelli cinesi: l'abbiamo visto fare centinaia di volte da decine di artisti diversi eppure solo raramente ci ha colpito ed emozionato. A tutti viene in mente la routine, semplice ma efficace, di Richard Ross ed io penso anche a quelle di amici più o meno famosi che hanno dato a questo numero un volto completamente nuovo.

Loro sono riusciti a dare ad un classico una nuova veste che non solo l'ha reso attuale ma che è anche riuscito a toccare le corde dell'anima degli spettatori perchè ha restituito all'effetto fluidità e coerenza.

Per il resto, il mondo è pieno di artisti o pseudo tali che si ostinano a proporre gli anelli cinesi con le stesse movenze (e, orrore, le stesse musiche) di professionisti molto più famosi di loro come se copiare quello bravo equivalesse a diventare bravo.

Oggi più che mai la dote più preziosa che un prestigiatore deve avere è l'originalità da applicare ai propri numeri in stretta correlazione con il proprio personaggio (originale) in modo che il pubblico possa riconoscerne lo stile: bisognerebbe puntare ad essere imitati, non ad imitare gli altri. Fate in modo che anche se i giochi sono parte di un bene comune a tanti, il vostro spettacolo sia soltanto vostro.

REGOLA N° 10

*Quand vous ferez des Tours dans une compagnie
de gens éclairés, gardez-vous bien
de vous attribuer un pouvoir merveilleux &
surnaturel; cette prétention, trop exagérée,
vous feroit passer pour un imposteur, & l'on
refuseroit de vous croire dans d'autres cas où
vous pourriez dire la vérité; contentez-vous de
faire entendre que l'effet dont il s'agit, dépend
d'une cause non commune; l'extraordinaire,
quoique naturel, sera aussi amusant pour des
gens d'esprit, que le merveilleux pour le vulgaire.*

L'onestà intellettuale ed artistica di un prestigiatore è un argomento del quale si è iniziato a parlare seriamente soltanto poche decine di anni fa. Ed è un tema attualissimo anche oggi, applicato soprattutto al mentalismo, che vede dividersi il mondo magico in più scuole di pensiero.

Eppure ecco una regola che arriva dal diciottesimo secolo e si adatta perfettamente anche al mondo di oggi a dimostrare la straordinaria intelligenza e lungimiranza di Henri Decremps.

Il lavoro che oggi fanno organizzazioni come il CICAP[4] riguardo al mondo del paranormale e delle pseudoscienze era già evidentemente iniziato con Decremps che, nel suo tempo, si impegnava con i suoi scritti a tutelare i contemporanei dai falsi maghi che, approfittando della credulità popolare, si arricchivano grazie alla frode.

A onor del vero va detto che il Decremps riteneva anche Pinetti uno di questi ciarlatani imbroglioni ma ovviamente oggi possiamo vedere le cose in modo molto diverso e il rapporto tra Pinetti e la ciralataneria meriterebbe un capitolo a parte[5].

---

[4]Il Comitato Italiano per il Controllo delle Affermazioni sulle Pseudoscienze (la P un tempo stava per Paranormale) è stato fondato alla fine degli anni ottanta da Piero Angela e ancora oggi è attivo in tutta Italia grazie alla presenza di scienziati, medici, ricercatori, giornalisti e prestigiatori.
[5]Ho già avuto modo di apprendire la vita e le opere di Giuseppe Pinetti, definendolo "affascinante ciarlatano" nel n° 10 (anno 2010) della rivista *Magia*, diretta da Massimo Polidoro, alla quale rimando il lettore interessato.

Certo sembra allettante cedere alla tentazione di far passare certi esperimenti per vere e proprie dimostrazioni supernormali (non c'è dubbio che la magia, intesa come dimostrazione che trascende la realtà, sia di gran lunga più affascinante del gioco di prestigio) ma è una cosa che nessun prestigiatore onesto dovrebbe mai fare.

Il terreno sul quale ci muoviamo è delicato, me ne rendo conto, e l'argomento deve essere trattato e letto con una certa sensibilità.

Oggi si tende a suddividere il mentalismo in più branche, da quella che fa chiaramente parte della prestigiazione chiamata *mental magic* (effetti mentali presentati all'interno di spettacoli di illusionismo) a quella, denominata *real*, che pretende di ottenere i propri risultati solo attraverso determinati doni psicologici in una zona di confine tra la psicologia e parapsicologia, pur senza affermare chiaramente che si tratta di poteri paranormali.

Questo per quanto riguarda i *performer*.

Vi sono poi personaggi senza scrupoli che, affermando di avere poteri che trascendono la normalità, si presentano come moderni superuomini in grado di fare cose straordinarie utilizzando a tutti gli effetti numeri di mentalismo per abbindolare gli ingenui.

Personaggi come Uri Geller e Gustavo Adolfo Rol, per quanto possano essere ritenuti affascinanti, rientrano purtroppo in quest'ultima categoria e, dal punto di vista etico, non credo meritino alcuna stima.

Ma è la zona grigia, secondo me, quella ancora più subdola, ovvero coloro che senza dire apertamente di possedere facoltà altre, lasciano sedimentare questo dubbio nel pubblico.

Dovrebbero essere visti come artisti eppure le emozioni che producono escono dalla dimensione teatrale per toccare le corde del sentimento umano, a volte in modo invasivo e non proprio positivo.

Approfittare della credulità popolare (leggi "bisogno di credere") è facile, quando si hanno le armi della psicologia che la prestigiazione mette a disposizione ma, ovviamente, non è giusto farlo.

Lo scopo di ogni artista, anche dei prestigiatori, dovrebbe sempre essere quello di donare emozioni e sensazioni positive e far sì che, qualunque cosa succeda durante l'esibizione, alla fine gli spettatori se ne tornino a casa consci di aver assistito ad uno spettacolo, senza avere dubbi di altro tipo.

Altrimenti non abbiamo svolto bene il nostro lavoro e non abbiamo onorato un'arte antica che dovrebbe incantare ed emozionare positivamente persone di ogni ceto ed ogni età.

REGOLA N° 11

Ne faites jamais un Tour sans avoir préparé des subterfuges & des réponses captieuses, pour les argumens solides qu'on pourroit vous opposer: je dis pour les argumens solides, parce que les objections mal sondées n'ont pas besoin d'être prévues pour être faciles à résoudre.

Ancora una volta il saggio Decremps vuole ricordarci che il nostro pubblico non è sempre composto da ignoranti patentati che non saprebbero fare nemmeno la lettera "O" con un bicchiere.

Essere prestigiatori, abituati a stupire con la nostra abilità manuale o lessicale, può portare a volte ad avere un'eccessiva autostima e a considerare quindi gli altri come dei poveri inetti.

Ovviamente non c'è nulla di più sbagliato e questo atteggiamento di superiorità può trasformarsi in un penoso autogol laddove persone molto intelligenti (e ce ne sono parecchie, in giro) dovessero farsi avanti con domande o delucidazioni, riguardo ad un numero, davanti alle quali ci troviamo in imbarazzo.

Ecco perchè Decremps ci consiglia di preparare bene le nostre risposte per le argomentazioni "solide" che qualche spettatore potrebbe addurre.

Uno dei casi più comuni potrebbe essere il fatto di mescolare o meno le carte da gioco durante un numero con questo inflazionatissimo attrezzo.

All'inizio o durante un effetto di cartomagia può darsi che abbiamo preparato delle carte con un *set-up* indispensabile alla realizzazione dell'effetto finale. Teniamo stretto il mazzo nelle mani e, a differenza di altre occasioni, non lo facciamo nè toccare nè mescolare.

Qualcuno, più attento di altri, nota questa forzatura e ce lo fa notare chiedendoci perchè non mescoliamo o non diamo da mescolare il mazzo.

A questo punto si aprono due possibili strade: una è quella proposta da Decremps in questo precetto e cioè trovare una valida argomentazione affinchè il mazzo non debba essere mescolato.

L'altra è quella di farlo tranquillamente mescolare e procedere quindi con un effetto diverso da quello preparato.

In questo particolare esempio è chiaro che la maniera di gran lunga migliore per proseguire è prendere la strada numero due, cambiando gioco e permettendo allo spettatore di fare ciò che ha richiesto.

Ma ci sono occasioni nelle quali le domande degli spettatori devono davvero ricevere risposte convincenti semplicemente perchè non c'è la possibilità di prendere altre strade.

Nel numero degli anelli cinesi se uno spettatore dovesse chiedere perchè non gli date la possibilità di prendere in mano i quattro anelli e controllarli, prima e dopo l'esibizione, dovreste trovare argomentazioni ben solide in proposito.

Ecco perchè questo classico andrebbe sempre e solo eseguito in palcoscenico, al sicuro da possibili richieste assurde degli spettatori.

Ma in tutti quegli effetti da *close-up* o da *street magic* nei quali siamo a tu per tu con il pubblico che può in qualsiasi momento disturbare o interromperci con domande più o meno intelligenti, dovremmo sempre essere preparati ed avere risposte pronte, possibilmente altrettanto intelligenti.

Non si tratta solo di avere pronti degli *out* ma anche e soprattutto di allargare la visione del nostro repertorio in modo da preparare, oltre al nostro bel *pattern* di presentazione, anche tutte le motivazioni ai punti deboli di ciascun effetto. Ancora più importante è la prontezza e il sangue freddo con cui rispondiamo alle domande imbarazzanti del nostro pubblico: se ci mostriamo stupiti o esageratamente colti in fallo da una certa richiesta, il pubblico capirà che ci stiamo arrampicando sugli specchi e non accetterà le nostre motivazioni neppure se sono credibili e ben congegnate.

Al contrario, se alle provocazioni reagiamo con sicurezza, come se non ci toccassero affatto, gli spettatori saranno più propensi a credere anche ad argomentazioni deboli.

Come sempre non sono le parole, i trucchi o gli oggetti a fare la differenza: siamo noi, con il nostro modo di fare.

REGOLA N° 12

Profitez adroitement de tous les hasards, & des différens dégrés de crédulité qui vous tomberont pour ainsi dire fous la main. Les hasards favorables se présentent souvent; mais il n'y a que les gens d'esprit qui sachent les mettre à profit.

"Sappiate sempre giovarvi delle circostanze. Nulla contribuisce tanto alla rinomanza di un Artista, quanto la prontezza di spirito che gli fa afferrare immediatamente ogni circostanza favorevole. Interrompete magari il giuoco che state facendo ed iniziatene subito un altro, ma non vi lasciate sfuggire le occasioni che la fortuna mette a vostra portata di mano"
(Carlo Rossetti)

Qualche pagina fa consigliavo di cambiare gioco nel caso in cui qualche spettatore fosse troppo invadente o qualora le circostanze impediscano di proseguire nell'effetto così com'era stabilito. Si tratta, in effetti, di un classico *out* che, quando gestito nel modo giusto, non permette allo spettatore medio di accorgersi di nulla.

Quanto viene invece esposto in questo precetto è qualcosa di ben diverso, altrettanto efficace e non sempre ben sfruttato dai prestigiatori anche esperti.

Quante volte mi è capitato di vedere colleghi a cui è scesa dal cielo un'occasione meravigliosa per stupire, lasciarsela sfuggire solo perchè non se ne sono accorti o perchè l'evento non rientrava nel loro programma, così coscienziosamente studiato a menadito...

Chi si occupa di micromagia, *close-up* o *street magic* sa bene che, nell'economia di un'esibizione che dura a volte anche qualche ora, possono accadere tantissimi imprevisti: quelli negativi devono chiaramente essere aggirati in modi più o meno ingegnosi.

Quelli positivi, ovvero quelli di cui si parla in questa particolare regola, devono altresì essere colti al volo e ben sfruttati perchè possono trasformare un semplice gioco di prestigio in qualcosa di davvero prodigioso, spesso ingannando anche gli stessi addetti ai lavori.

Di esempi potremmo farne moltissimi: state facendo un gioco con le carte e fate liberamente scegliere una carta da un mazzo precedentemente mescolato. Il vostro scopo è quello di proseguire il numero controllando la carta scelta per poi andare a recuperarla in qualche modo ma, casualmente, mentre lo spettatore sta mostrando la carta agli altri, voi per un attimo la intravedete e vi ritrovate a conoscere la carta. Questa è sicuramente un'occasione da sfruttare: a questo punto sarebbe stupido andare avanti come avevate stabilito in precedenza per poi finire in modo banale.

Avete a disposizione un'arma cento volte più potente: conoscete la carta e dovete quindi giocarvela al meglio senza più bisogno nemmeno di toccare il mazzo o fare cose strane.

Sempre parlando di carte da gioco, un'altra cosa che può succedere (e succede abbastanza sovente, a dire il vero) è quella di ritrovare sotto il mazzo mescolato da uno spettatore una carta che era stata scelta (e adocchiata, oppure forzata) precedentemente da un altro spettatore. Il gioco sarebbe proseguito dovendo cercare la carta per poi rivelarla in modi più o meno affascinanti ma ora non ce n'è più bisogno perchè la carta è in un punto che potete molto più semplicemente sfruttare. Sta a voi trovare il modo migliore di raggiungere il vostro *climax*.

Ultimo esempio nel mondo della micromagia: lavorando circondati da persone, magari in piedi e in situazioni informali, sicuramente vi capiterà di avere a portata di mano la tasca aperta o la borsa di uno dei spettatori: lasciateci cadere dentro una carta da gioco o un qualsiasi piccolo oggetto vi potrebbe servire in seguito. Poi preoccupatevi di allontanarvi, in modo naturale e non sospetto, da quella persona per poter infine, quando meno se lo aspettano, chiederle di mettere la mano in tasca o in borsa dove ritroverà miracolosamente (tramite "apporto" spiritico) la carta o l'oggetto richiesto.

Un'altra branca della prestigiazione dove è fondamentale sfruttare le opportunità è indubbiamente il mentalismo. Lì ogni possibile informazione è importante (o può sembrare tale) e tutto ciò che riuscite a carpire dagli spettatori lo si può riutilizzare per fare spettacolo o rendere ancora più credibile un certo esperimento.

Anche gli eventuali sbagli, in questa branca, vengono accettati perchè, trattandosi di "esperimenti" e non di "giochi" il pubblico si aspetta un certo margine di errore. Sarà quindi ancora più facile e opportunistico sfruttare tutti gli imprevisti per fingere che facciano parte del numero o che fossero stati previsti dal mentalista.

Naturalmente come in ogni altra cosa della vita e dell'arte la cosa importante è non esagerare. L'equilibrio giusto è ciò che rende perfette le cose ed anche in questo caso il bravo artista saprà quando azzardare e quando no e lo farà sempre e solo in determinati casi, senza ripetersi troppo. Ritrovare una carta in tasca ad uno spettatore va bene, ritrovarne altre due nelle tasche di altri membri del pubblico può anche passare, continuare a trovare carte in tasca alla gente dopo un po' non farebbe altro che fomentare il sospetto e avvicinerebbe gli spettatori alla scoperta dell'artifizio.

La stessa cosa vale per tutte le altre opportunità che vi si possono presentare che vanno sì sfruttate ma con parsimonia, affinchè il pubblico non se ne avveda.

Sarà l'esperienza e il mestiere ad instradarvi sulla via giusta e ad insegnarvi come e quando sfruttare al meglio le occasioni che incontrerete; l'importante è ricordare sempre che il pubblico non è stupido e che certe opportunità, così come voi riuscite a riconoscerle per coglierle, possono allo stesso modo essere riconosciute dagli spettatori più attenti e ciò può rovinare la magia di quel che volete fare...

REGOLA N° 13

*Si on vous donne à deviner des Tours dont vous
n'avez pas été témoin, tâchez d'en
élaguer toutes les circonstances que la renommée
& la crédulité ont pu y entasser; mais si vous
voyez faire un Tour qui vous soit inconnu, ne
cherchez pas à le deviner, en supposant que vous
venez de voir des effets réels; car, puisque les
Tours consistent toujours en des apparences
trompeuses, vous vous écarteriez du but, en
cherchant la réalité.*

Spesso al prestigiatore si chiede di spiegare un effetto fatto da un altro esecutore e che viene raccontato da un testimone. Come abbiamo visto, non si può mai credere al racconto di un gioco di prestigio perchè, come giustamente suggerisce il Decremps in questo ultimo precetto, per arrivare al trucco bisognerebbe spogliarlo dall'accumulo di abbellimenti dovuti alla credulità (e all'ignoranza sulla materia) di cui è sicuramente ricoperto.

Ma in questa ultima regola il Decremps dice molto di più: suggerisce di non cercare di capire un gioco di prestigio basandosi sulla realtà. Questo è un punto chiave del quale abbiamo già discusso qualche pagina più indietro.

É proprio questo modo di ragionare che fa sì che l'inganno funzioni: se noi paragoniamo un effetto magico alla realtà non riusciremo mai ad afferrarne il segreto perchè baseremo i nostri ragionamenti sulle sovrastrutture mentali e sulle esperienze che la vita ci ha insegnato.

Ma è proprio eludendo queste strutture psicologiche e giocando sulle esperienze che i grandi ingegneri della magia inventano i giochi e i "gioconi" di prestigio ed è quindi chiaro che il segreto per capire davvero i trucchi, come ben sanno i prestigiatori esperti, è quello di prendere un'altra strada e guardare l'effetto da un'altra prospettiva.

Il concetto è sottile ma molto interessante e può essere illustrato da un esempio pratico che non è un gioco di prestigio ma una piccola storiella che, da sola, è in grado di ingannare la nostra mente. Eccola.

Padre e figlio sono in auto quando ad un certo punto la vettura sbanda e finisce contro un albero.
Il padre muore sul colpo.
Il figlio, gravemente ferito, viene portato d'urgenza nell'ospedale più vicino e viene chiamato il chirurgo più bravo per tentare di salvarlo. Appena il chirugo vede il ragazzo sul tavolo operatorio esclama: "Non me la sento di operarlo io. Questo è mio figlio!"
Com'è possibile?

Provate a raccontare questa storiella ai vostri amici e vedrete che il 90% di loro impiegherà parecchio tempo ad arrivare ad una soluzione logica. Tireranno in ballo relazioni extraconiugali e morti che tornano dall'aldilà ma nessuno arriverà alla soluzione più semplice che è poi quella corretta: il chirugo è la madre del ragazzo!
Adesso tutto è chiaro ma prima era bastata la semplice parola "chirurgo" al maschile (ed è corretta anche se si riferisce a professioniste donne) per sviare la nostra mente.
Ora, vista da una nuova prospettiva, la storia ritrova un senso.
Se vi piacciono questi giochini, ecco un altro interessante esempio di come la mente può essere sviata solo dalle parole:

Tre amici vanno a cena in un ristorante e, una volta finito di mangiare, decidono di pagare alla romana e chiedono il conto.

Il cameriere rivela che la spesa totale è di 25 euro.

I tre estraggono dalla tasca 10 euro ciascuno e li mettono sul tavolo. Quasi subito decidono che 5 euro di mancia sono troppi e si riprendono, ciascuno, 1 euro dal tavolo, lasciandone 2 di mancia.

A questo punto è assolutamente chiaro che, ciascuno dei tre amici ha speso, per la cena, 9 euro.

9 x 3 fa 27.

Aggiungiamo i due euro di mancia: 27 + 2 = 29.

Dov'è finito l'euro mancante?

Anche con questa breve storiella, apparentemente logica dal punto di vista matematico, farete impazzire qualche amico.

In realtà alla domanda finale non esiste una risposta logica perchè è il problema ad essere posto in modo sbagliato.

Sbagliato ma convincente.

La nostra mente si lascia ingannare volentieri e i prestigiatori devono essere bravi a sfruttare questa falla per inserirvi le proprie illusioni.

H. DECREMPS, Né à Beduer en Querci, le 15. Avril. 1746.

CONCLUSIONI

Come i più attenti avranno notato, il Decremps conclude le sue regole senza includere quella che sembrerebbe la più importante per ogni prestigiatore, ovvero quella che ci insegna a non rivelare i segreti dei giochi.

La troviamo, ad esempio, tra le tredici del Rossetti, che scrive: "Ed ora un'ultima regola che osserverete in ogni circostanza rigorosamente. *Non spiegate mai in pubblico i giuochi che avete fatto.* E ciò per un doppio ordine di interessi. L'interesse vostro personale, anzitutto, ché il meno che vi possa succedere, dopo la spiegazione di un giuoco che fino ad allora pareva a tutti assolutamente strabiliante, è di sentirsi dire: «Oh, quanto è scemo!»; l'interesse della collettività dei Prestigiatori, in seguito; ché è evidente che, tanto più si manterrà o si accrescerà il gusto del pubblico per le rappresentazioni magiche, quanto più accuratamente ne sarà conservato il carattere misterioso e incomprensibile."

E c'è un terzo interesse, aggiungo io, a quanto già giustamente elencato dal Rossetti: l'interesse dei nostri spettatori.

Il pubblico crede di voler conoscere il segreto perchè pensa che dietro ad esercizi tanto belli e magici si nascondano trucchi altrettanto affascinanti. In realtà, come ogni prestigiatore sa bene, il trucco è nella maggior parte dei casi banale e deludente e non sarebbe dunque giusto privare gli spettatori della magia vissuta rivelando loro la triste realtà.

Spiegare il trucco al pubblico è come distruggere tutto quello che di magico e incantato siamo riusciti a creare, infondendo nel loro cuore un'emozione positiva.

É come spiegare ad un bambino sognante la notte del 24 dicembre che Babbo Natale non esiste e mostrargli dove i suoi genitori hanno nascosto i regali che riceverà la mattina dopo.

Ma il Decremps non include questa regola nei suoi tredici precetti, per un motivo molto semplice: il fatto di non spiegare il segreto è sottinteso in ognuno degli altri precetti esposti che, come abbiamo visto, tutelano non solo l'esecutore degli effetti ma anche la categoria intera dei prestigiatori oltre al fruitore finale, il pubblico, che dovrebbe godere appieno degli esperimenti proposti.

TESTAMENT

DE

JÉRÔME SHARP,

Professeur de Physique amusante ;

Où l'on trouve parmi plusieurs Tours de subtilité, qu'on peut exécuter sans aucune dépense, des préceptes & des exemples sur l'Art de faire des Chansons impromptu ;

Pour servir de complément

A LA MAGIE BLANCHE DÉVOILÉE ;

Par M. Decremps, du Musée de Paris.

Prodigia exercent : digitis hi namque micantes
Attentos fallunt oculos, dum vascula tractant
Apta dolis : Fraudem velatam præpete gestu,
Virgâ & voce juvant ; & ubi potuère lapillum,
Ostendunt volucrem. Stupet ore ignarus hianti
Spectator. . . . . .   *Anti-Luc. Lib. IV.*

Avec 69 Fig. Prix 3 liv.

✻

A PARIS,

Chez
L'Auteur, rue des Rats, près la Place Maubert, nº. 5,
Granger, au Cabinet Littéraire, Pont Notre-Dame,
Bailly, Libraire, rue S. Honoré, près la Barriere des Sergens,
Lagrange, Libraire, sous les Arcades du Palais Royal, nº. 123,
Lesclapart, Libraire, rue du Roule, nº. 11.

M. DCC. LXXXVI.
Avec Approbation, & Privilege du Roi.

L'AUTORE

Nato a Brescia nel 1975, Alex Rusconi si interessa di prestigiazione fin da bambino quando inizia a proporre i primi spettacoli sotto la guida dell'Illusionista Claudio. Presto affianca la passione per lo spettacolo a quella per la ricerca e la scrittura e nel 1995 inizia a collaborare con la rivista "Magia Moderna", della quale diventa presto redattore.

Nel 2007 questa rivista dedica ad Alex la copertina.

E' collaboratore della rivista "Magia" dal primo numero ed ha pubblicato, in proprio o con editori diversi, una decina di volumi.

Ha collaborato alla stesura di tre libri di Raul Cremona (tutti editi da Florence Art) ed è autore della più completa biografia del trasformista Leopoldo Fregoli (Fregoli, la biografia – ed. Stampa Alternativa, 2011) con prefazione di Arturo Brachetti.

Nel 2017 ha pubblicato con Florence Art Edizioni il volume "Bartolomeo Bosco, vita e meraviglie del mago che conquistò l'Europa", ad oggi la prima e unica biografia del famoso prestigiatore torinese.

E' membro del Cicap (Comitato Italiano per il Controllo delle Affermazioni sulle Pseudoscienze) ed è stato ospite, come relatore, di tutti gli ultimi Convegni nazionali nel ruolo di prestigiatore.

Attualmente ricopre la carica di presidente dell'associazione dei prestigiatori bresciani "La Corte dell'Illusione" di cui è stato cofondatore nel 2001 ed è docente di prestigiazione e mentalismo presso il Centro Studi San Clemente di Brescia.

Possiede una biblioteca magica personale che conta circa 700 volumi dal 1700 ad oggi.

Per contattare l'autore: alex.rusconi@inwind.it

PAROLE MAGICHE
GLOSSARIO FONDAMENTALE
2002 *(RISTAMPATO NEL 2018)*
prefazione di Tony Binarelli

I GIUOCHI DEL BAGATTO
2005 *(RISTAMPATO NEL 2018)*
prefazione di Aurelio Paviato

FREGOLI
LA BIOGRAFIA
Stampa Alternativa, 2011
prefazione di Arturo Brachetti

TRATTATO DI MAGIA CHIMICA
con Luigi Garlaschelli
Ed. Magic, 2016
prefazione di Erix Logan

BARTOLOMEO BOSCO
Vita e meraviglie del mago che conquistò l'Europa
Florence Art Edizioni, 2017
prefazione di Raul Cremona

L'Autore ringrazia:

Tony Binarelli
Claudio Donna
Antonio Dora
Carlo Faggi
Matteo Filippini
Erix Logan
Mario Moretti
Gianni Pasqua
Massimo Polidoro
Aldo Savoldello
Mariano Tomatis

la mia famiglia,
Teresa e Francesco

L'autore è sempre alla ricerca di
persone che abbiano voglia di approfondire
argomenti storici o teorici riguardanti
la prestigiazione.

In Italia gli appassionati di storia della magia
sono pochi e quasi ghettizzati.

L'autore è sempre a disposizione
per uno scambio culturale
nel nome della comune passione
per l'arte magica.

alex.rusconi@inwind.it

pagina ufficiale e profilo facebook:
Alex Rusconi

Lightning Source UK Ltd.
Milton Keynes UK
UKHW020628240821
389389UK00012B/950